Massimo Wolke

Pferdehintern

Das Malbuch für Pferdefans

Massimo Wolke

Pferdehintern

Das Malbuch für Pferdefans

© 2018 Massimo Wolke
Herstellung und Verlag:
BoD - Books on Demand, Norderstedt

ISBN: 978-3-7392-3370-3

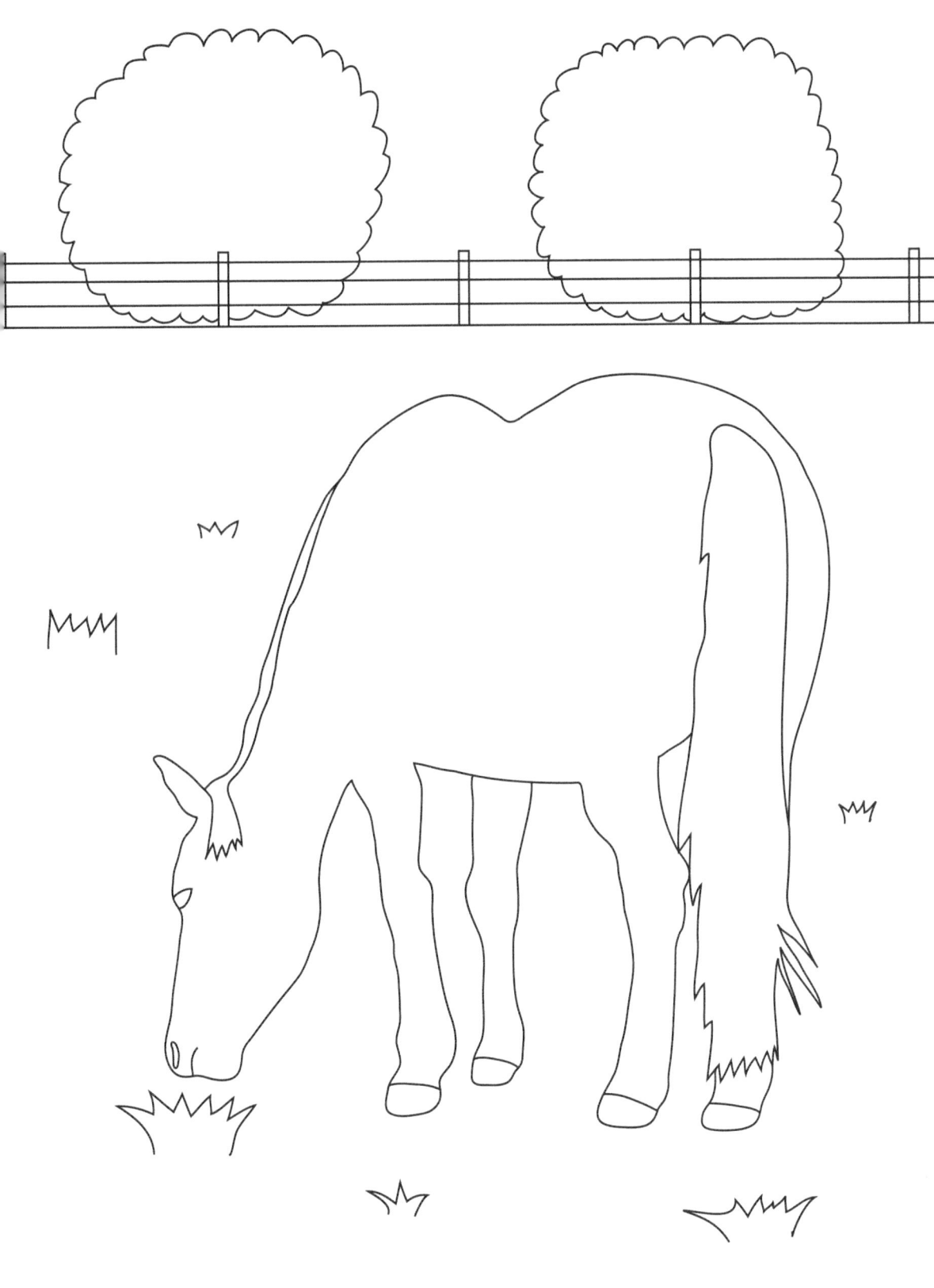

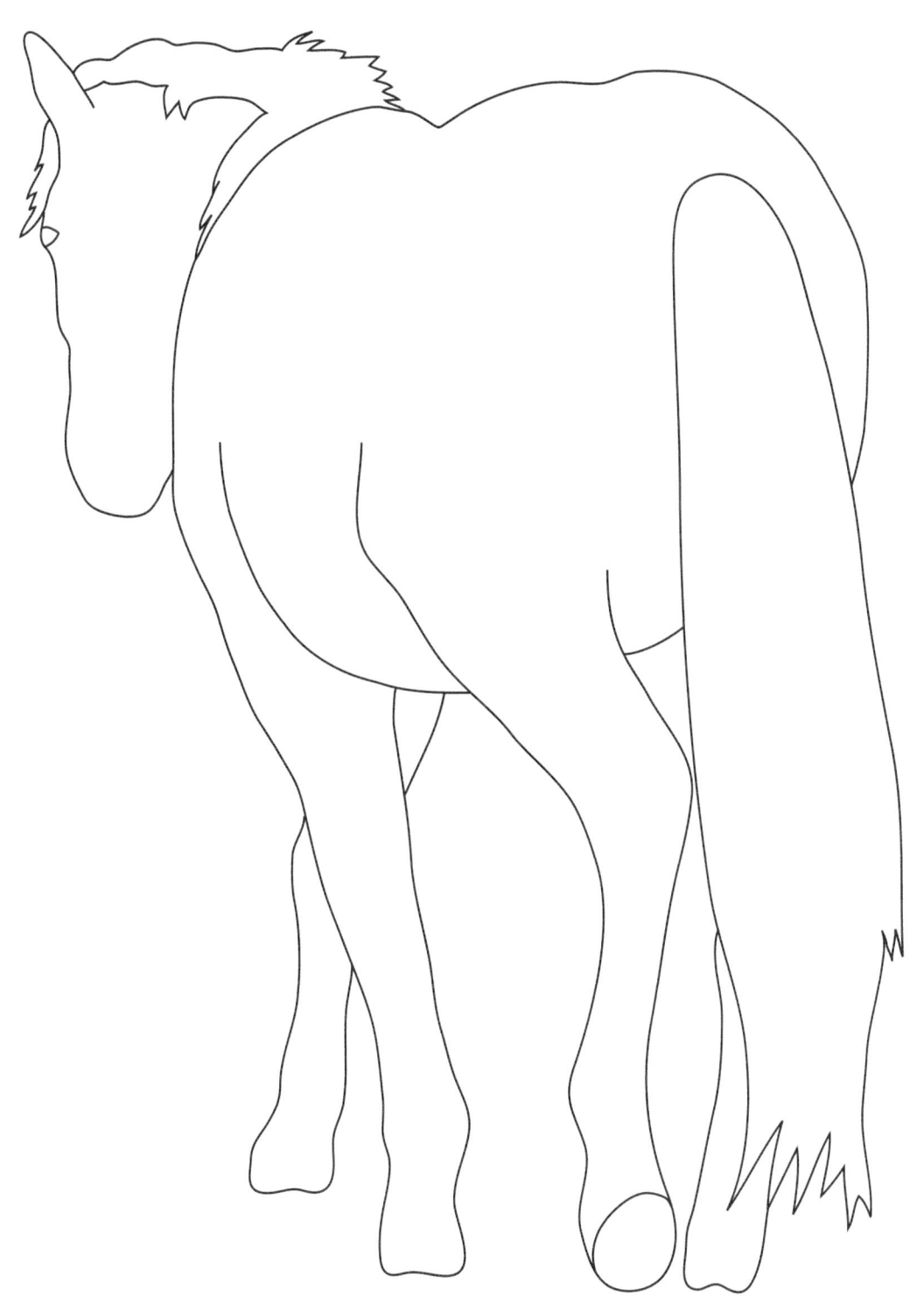

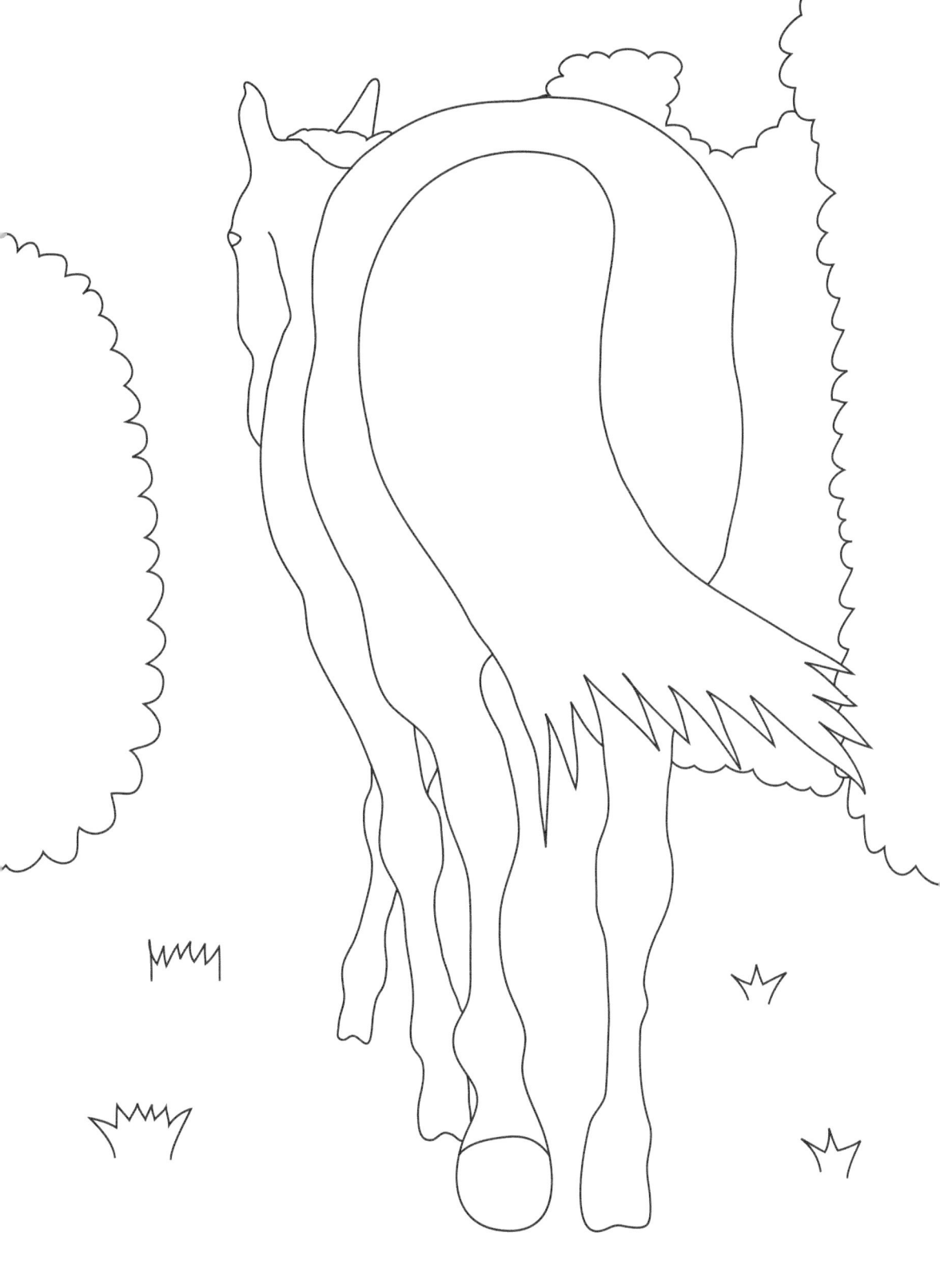

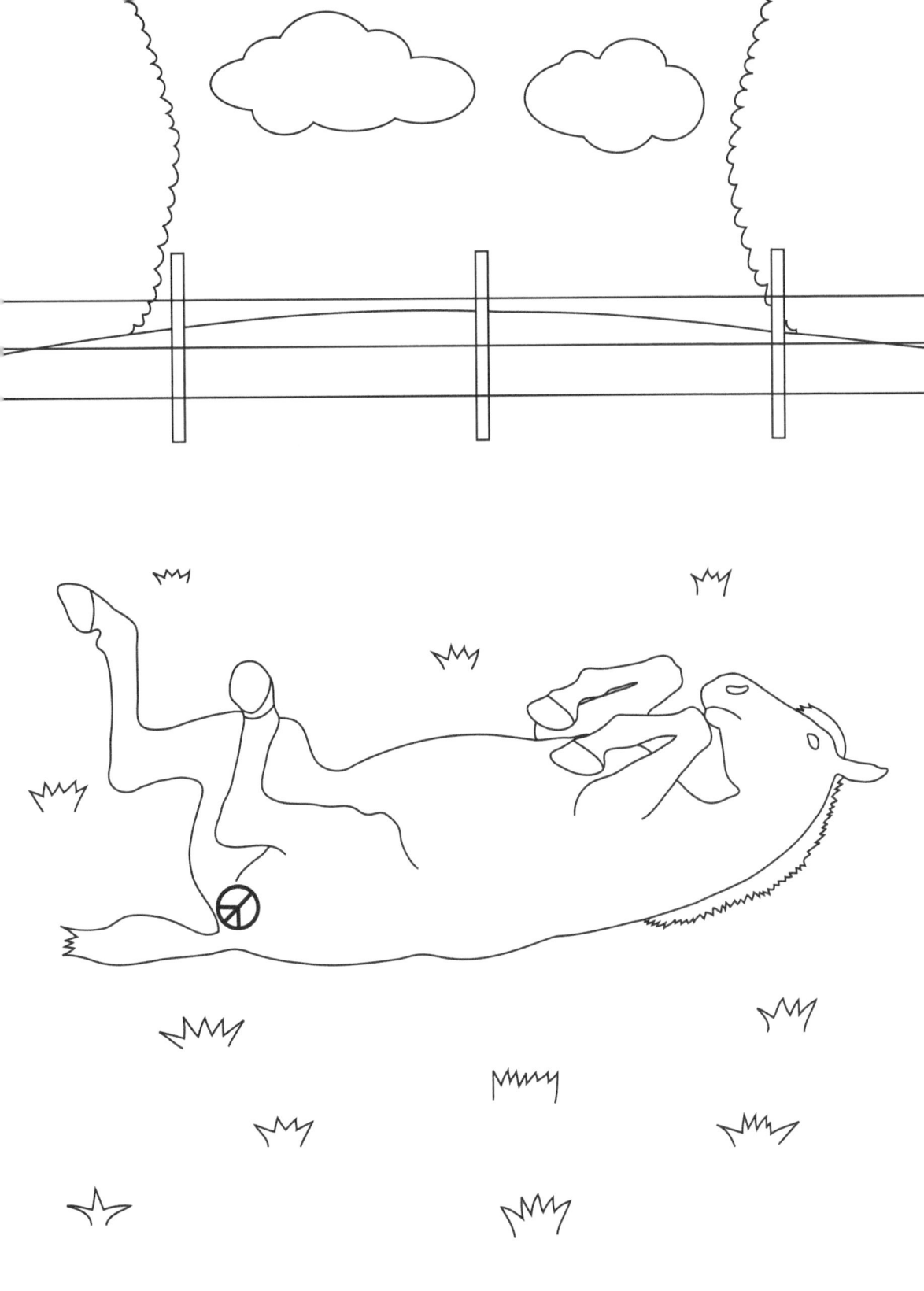

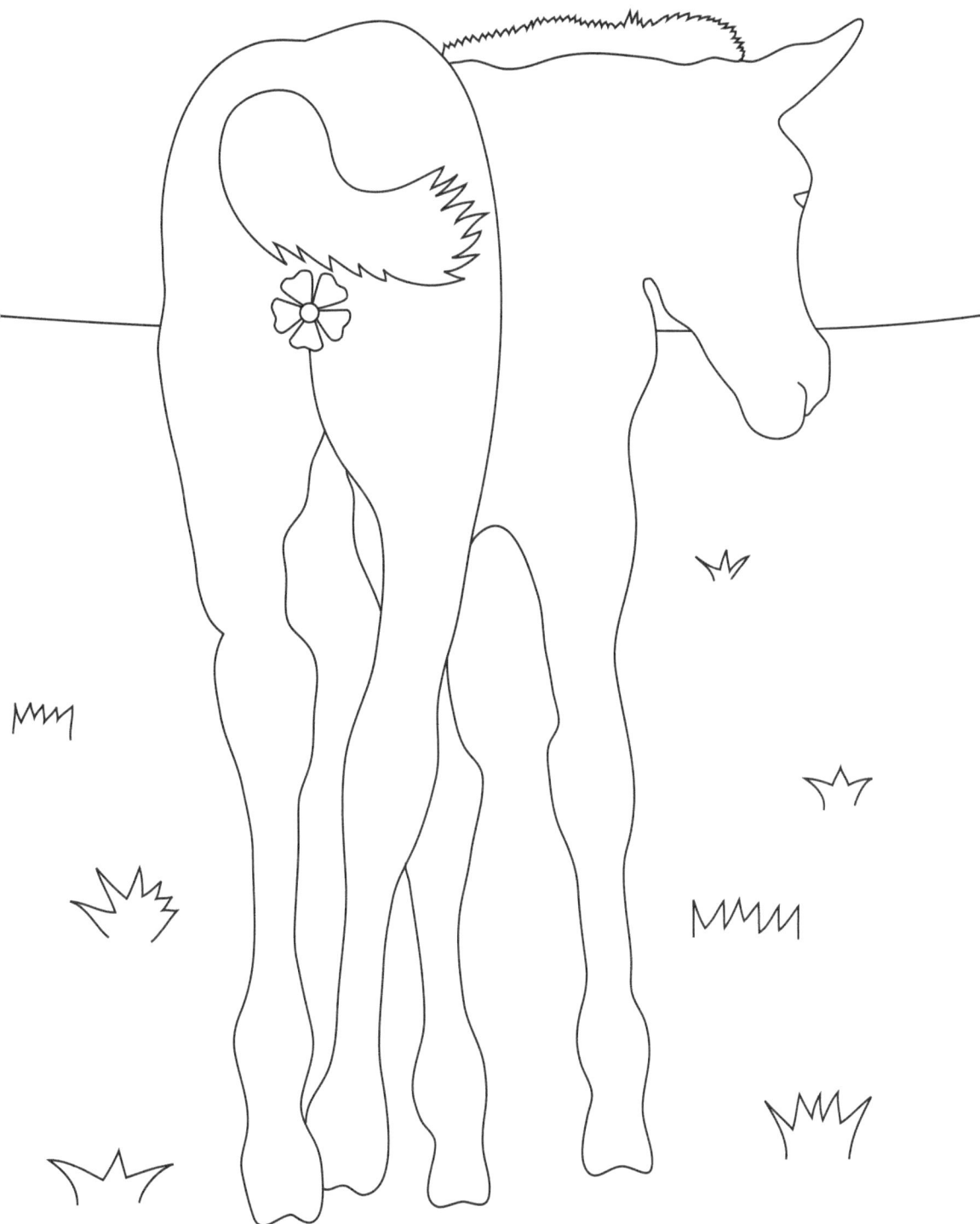

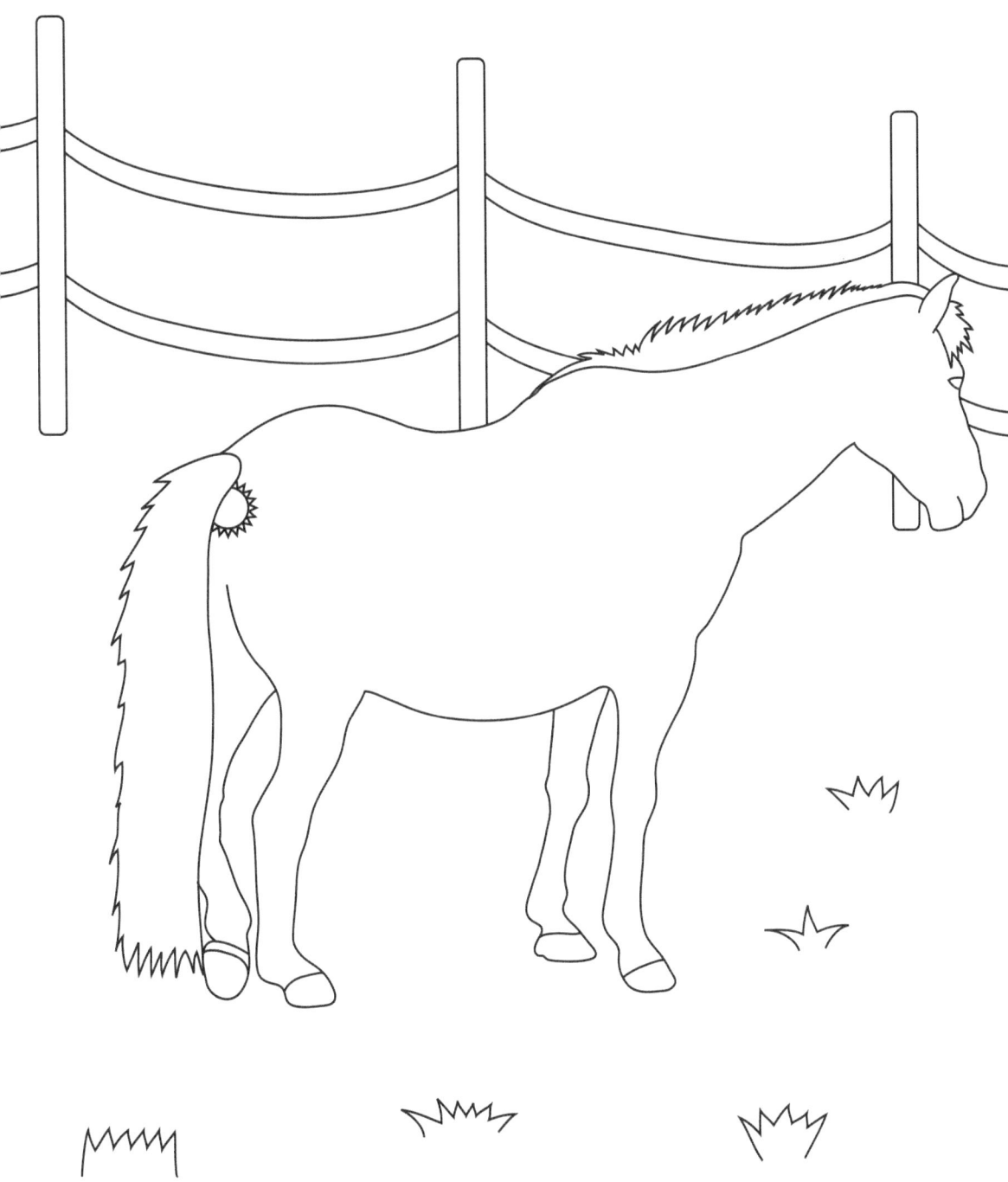

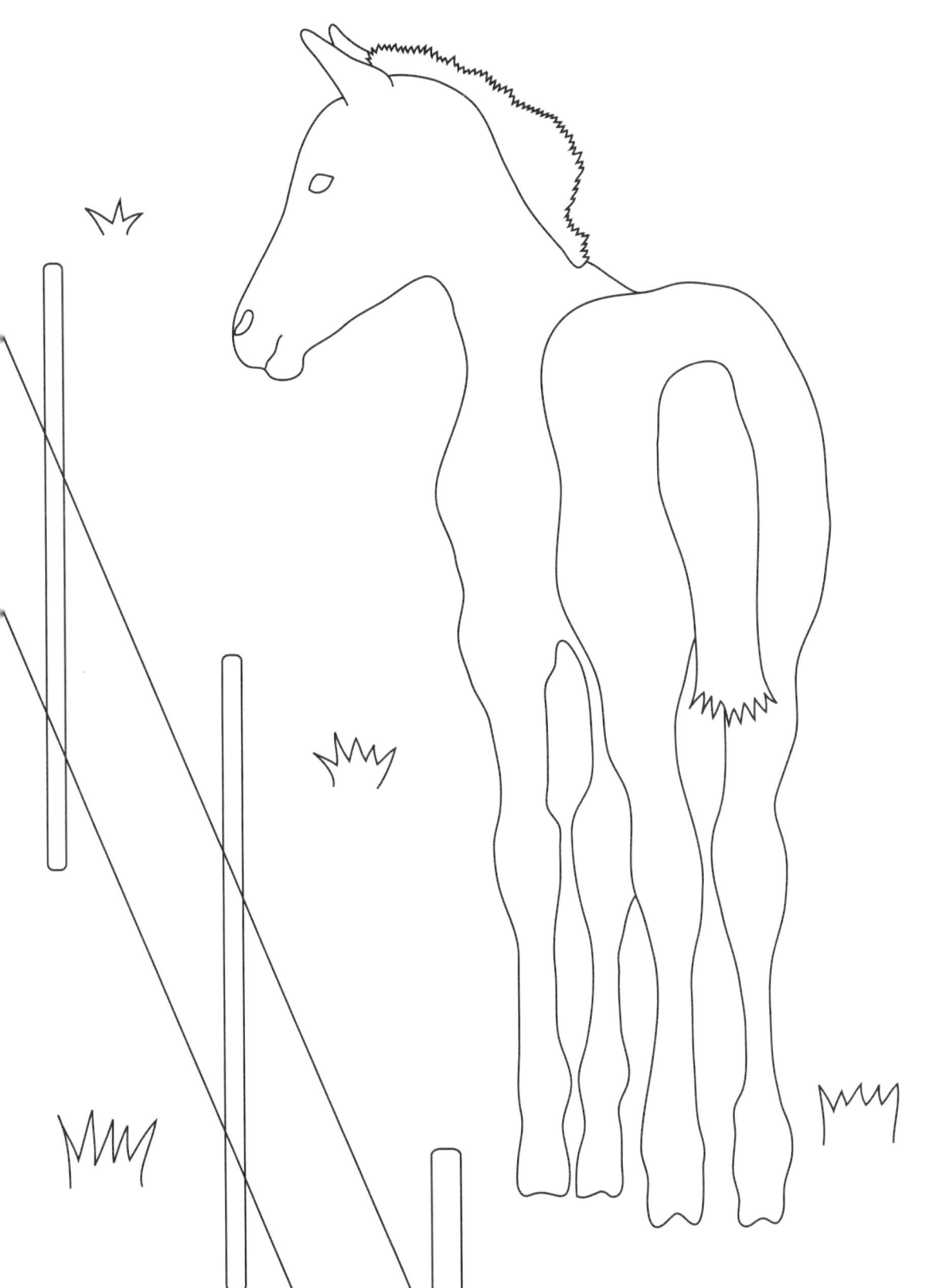

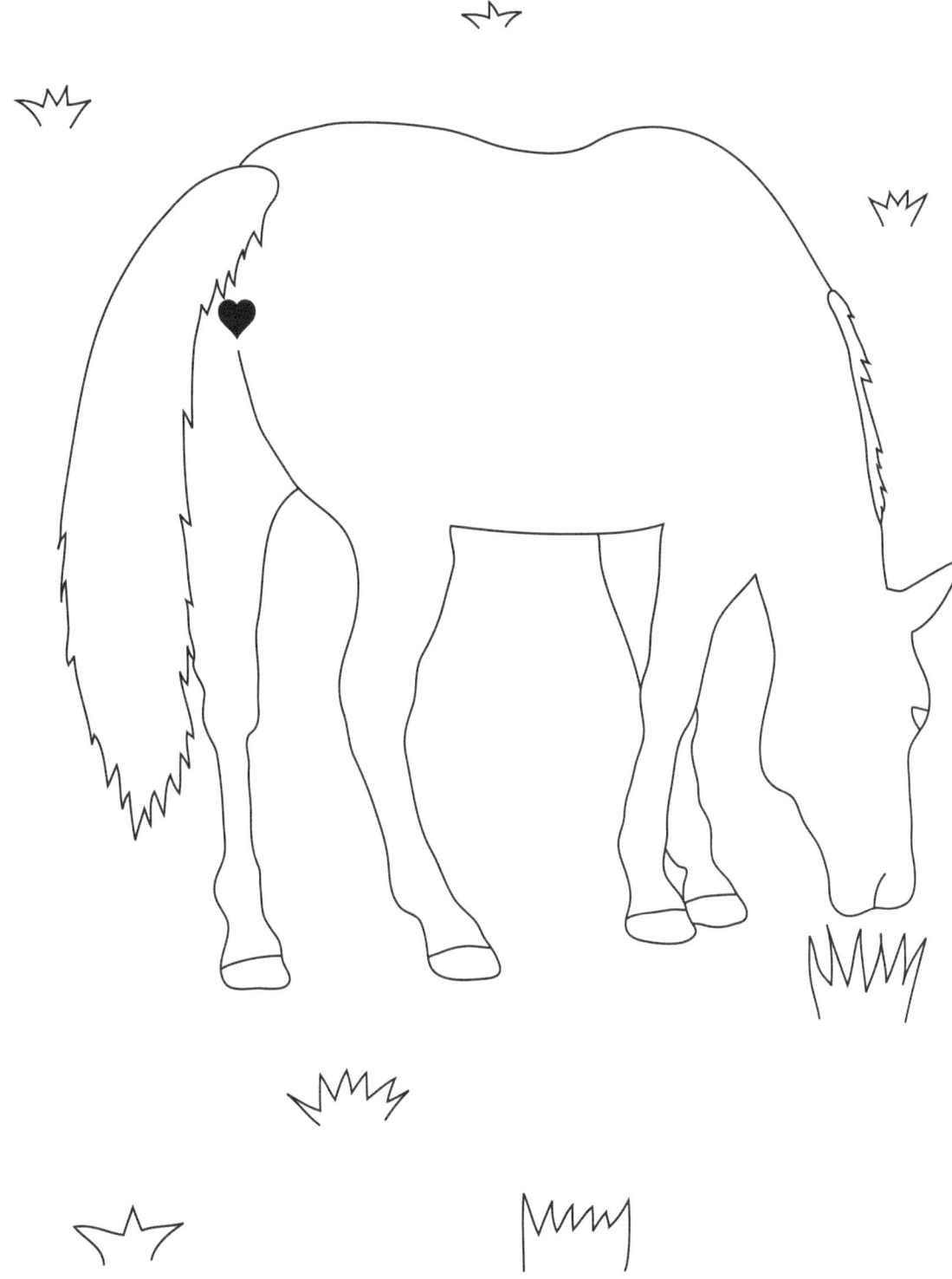